AF349500

ÉDIT DU ROI,

Concernant l'Ordre de Saint-Louis.

Donné à Verſailles au mois de Janvier 1779.

Regiſtré au Sceau & à l'Audience de France le 11 Février audit an.

LOUIS, PAR LA GRÂCE DE DIEU, ROI DE FRANCE ET DE NAVARRE: A tous préſens & à venir; SALUT. Parmi les établiſſemens qui perpétueront à jamais la gloire du règne de Louis XIV, celui de notre Ordre royal & militaire de Saint-Louis, créé par ſon Édit du mois d'avril 1693, eſt un des plus importans. Cette inſtitution ſi digne, & d'un Monarque qui commandoit à des François, & d'une Nation auſſi diſtinguée par ſa fidélité que par ſa valeur & ſon zèle, fut également l'objet de l'attention du feu Roi notre Aïeul, comme elle l'eſt aujourd'hui de la nôtre. Mais en conſidérant les vues de nos Prédéceſſeurs, nous avons reconnu la néceſſité de mettre la dernière main à leur ouvrage, de remplir par de nouveaux bienfaits ce qu'il laiſſoit à deſirer du côté de la dotation, de rappeler l'adminiſtration de l'Ordre à la ſimplicité de ſes principes primitifs, & par-là d'aſſurer de plus en plus le

A

luftre d'une inftitution précieufe à l'État, en même temps que nous en étendrons les véritables avantages. C'eft ainfi, qu'afin d'effectuer en entier la réfolution que nos Prédéceffeurs avoient prife de former fa dotation de biens & de revenus temporels, nous venons de remplacer une fomme annuelle de trois cents quatre-vingts mille livres qu'il falloit tirer des fonds deftinés aux dépenfes de la Guerre & de la Marine, par le don de neuf millions cinq cents mille livres en capitaux de rentes créées par l'Édit du mois de février 1770, & produifant pareil revenu de trois cents quatre-vingts mille livres. Nous n'avons pu d'ailleurs qu'être touchés des inconvéniens qui réfultent de la création de différens offices que l'Édit du mois d'avril 1719 attache à l'Ordre de Saint-Louis, & dont les fonctions font, ou fans exercice, ou fans aucune utilité réelle. D'un côté, cette création impofe à l'Ordre l'obligation de payer des gages & des émolumens, tandis qu'il n'a point reçu les finances des offices, & qu'elles ont été verfées dans la caiffe de nos Revenus cafuels; ce qui fouftrait une partie de la dotation à fa deftination effentielle, & contribue à porter fes charges bien au-delà du produit de fes fonds. D'un autre côté, comme l'Édit du mois d'avril 1719 affecte aux titulaires des mêmes offices la décoration de marques extérieures de l'Ordre, il eft arrivé qu'au moyen de mutations fréquentes, ces marques fe font trop multipliées. Aux difpofitions que nous nous propofons d'établir, foit pour faire difparoître des inconvéniens de cette nature, foit pour régler la diftribution des revenus de l'Ordre entre nos troupes de terre & de mer, d'après la proportion fixée par les Édits précédens, nous en ajouterons de particulières, relativement à ce que des actions diftinguées mériteroient de notre munificence, indépendamment du temps des fervices. A CES CAUSES, & autres à ce nous mouvant; de l'avis de notre Confeil, & de notre certaine fcience, pleine puiffance & autorité royale; Nous avons par notre préfent Édit perpétuel & irré-vocable, dit, ftatué & ordonné; difons, ftatuons & ordonnons, voulons & nous plaît ce qui fuit:

ARTICLE PREMIER.

NOUS avons approuvé & confirmé, approuvons & con-firmons la création, inftitution & érection de l'Ordre militaire, fous le nom de *Saint-Louis*, dans la forme & fuivant les ftatuts, ordonnances & règlemens portés par les Édits de Louis XIV des mois d'avril 1693 & mars 1694; par celui du feu Roi notre très-honoré Seigneur & Aïeul, du mois d'avril 1719, & par fes Ordonnances des 30 décembre 1719, 27 mars 1761 & 9 décembre 1771. En conféquence, Nous nous déclarons Chef-fouverain & Grand-maître dudit Ordre, & Nous nous réfervons pour Nous & nos fucceffeurs Rois, tous les droits que nos deux Prédéceffeurs s'étoient réfervés, & qu'ils avoient attachés à la Grande-maîtrife.

I I.

LE nombre des dignités dudit Ordre, demeurera fixé à perpétuité, à compter du jour de la publication du préfent Édit, favoir; les Grand-croix à quarante, les Commandeurs à quatre-vingts, & les Chevaliers à tel nombre que nous jugerons à propos de le porter.

I I I.

DES quarante dignités de Grand-croix, trente-quatre feront deftinées à toujours aux Officiers de nos Troupes de terre, & fix à ceux du fervice de notre Marine; comme auffi des quatre-vingts dignités de Commandeurs, foixante-cinq feront également deftinées à toujours aux Officiers des Troupes de terre, & quinze à ceux du fervice de mer.

I V.

VOULONS que des dignités de Grand-croix & de Com-

A ij

mandeur, que nous avons deſtinées aux Officiers de nos Troupes de terre, il en ſoit & demeure affecté à toujours aux Officiers des Troupes de notre Maiſon, douze dignités, ſavoir; quatre de Grand-croix & huit de Commandeur, ſans que par la ſuite le nombre en puiſſe étre augmenté, ſous quelque prétexte que ce ſoit.

V.

VOULONS pareillement que deſdites dignités deſtinées aux Officiers de nos Troupes de terre, il en ſoit & demeure affecté à toujours, ſavoir; au Corps-royal de l'Artillerie, une ſeule de Grand-croix & quatre de Commandeur; & au Corps du Génie, une ſeule dignité de Grand-croix & deux de Commandeur.

V I.

LES dignités de Grand-croix & de Commandeur, enſemble les penſions de Chevalier, ne ſeront plus accordées à l'avenir par expectative, mais ſeulement lorſqu'il y aura vacance d'une ou de pluſieurs de ces dignités, ou de penſions de Chevalier, ſoit par la mort des titulaires penſionnaires, par la promotion des Commandeurs à la dignité de Grand-croix, ou autrement.

V I I.

APRÈS la nomination que nous aurons faite des Grand-croix & des Commandeurs dont nous venons d'augmenter le nombre par notre préſent Édit, nous ne nommerons plus aux dignités de Grand-croix ou de Commandeur qui vaqueront par la ſuite en temps de paix, que tous les ans, le jour & fête de Saint-Louis.

V I I I.

LA croix de Chevalier de Saint-Louis, ſera pareillement accordée à l'avenir, comme elle l'a été juſqu'à préſent, aux Officiers de nos Troupes de terre & de mer, eu égard au temps de leurs ſervices, & conformément aux Ordonnances qui ont été précédemment rendues à ce ſujet; mais nous ne

les ferons diſtribuer que tous les trois ans en temps de paix ;
nous réſervant d'en accorder en temps de guerre, autant que
nous le jugerons à propos.

I X.

INDÉPENDAMMENT du temps de ſervice pour obtenir la
Croix, & voulant récompenſer les Officiers de nos Troupes de
terre & de mer, qui par des actions de bravoure, ſe feront
diſtingués dans des occaſions périlleuſes & éclatantes, nous
avons ordonné & arrêté que, quel que ſoit leur âge, & quelque
temps de ſervice qu'ils aient, la croix de Saint-Louis leur ſera
accordée avec la diſtinction & dans la forme ci-après réglées.

X.

L'ACTION de bravoure pour laquelle la Croix leur ſera
accordée, ſera conſtatée par un procès-verbal dreſſé ſur le lieu
ou dans le jour où l'action ſe ſera paſſée, par les Officiers
généraux qui ſeront préſens, autant que faire ſe pourra ; & en
leur abſence, par les Officiers ſupérieurs des Corps qui en
auront été témoins, pour les Troupes de terre ; ou du vaiſſeau
ſur lequel ſera l'Officier, pour les Troupes de mer ; ou lorſqu'il
n'y aura pas d'Officiers ſupérieurs, par les Officiers qui ſe
trouveront préſens à l'action, ou par des Notables de tous états
& conditions, leſquels la certifieront par un acte qui ſera dreſſé
dans la meilleure forme, & avec le plus d'authenticité que le
temps & les lieux le comporteront.

X I.

LE procès-verbal, tel qu'il eſt preſcrit en l'article précédent,
ſera adreſſé par l'État-major du régiment ou du vaiſſeau dont
ſera l'Officier, au Secrétaire d'État de la guerre, ou à celui de
la Marine, pour nous être préſenté, à l'effet par Nous d'accorder
ou refuſer la Croix, ſuivant les circonſtances.

X I I.

LA Croix que nous aurons accordée, conformément aux

articles IX, X & XI, fera portée par celui que nous en aurons décoré, de la même manière qu'elle l'est par tous les Officiers qui l'ont obtenue jusqu'à préfent, & qui l'obtiendront par la fuite ; à la feule différence qu'elle fera fufpendue à un ruban couleur de feu, bordé & liféré dans la forme & ainfi que Nous l'aurons réglé par l'Ordonnance que Nous nous propofons de rendre à cet effet.

X I I I.

LES Chevaliers qui auront obtenu la Croix avec la diftinction réglée dans l'article précédent, & qui parviendront aux dignités de Commandeur & de Grand-croix, porteront le cordon de Grand-croix ou de Commandeur, avec les mêmes bordé & liféré que Nous aurons réglés par ladite Ordonnance.

X I V.

LES Chevaliers & Commandeurs de l'Ordre du Saint-Efprit, qui font Chevaliers de Saint-Louis, porteront dorénavant la Croix de Saint-Louis a la boutonnière, comme les Chevaliers.

X V.

LES Grand-croix & les Commandeurs de l'Ordre de Saint-Louis, recevront de notre main les marques de leur dignité.

X V I.

VOULONS que tous les Grand-croix & Commandeurs dudit Ordre, qui fe trouveront, au jour & Fête de Saint-Louis, auprès de notre Perfonne, foient tenus de nous accompagner, tant en allant qu'en revenant, à la Meffe qui fera célébrée le même jour dans la Chapelle du Palais où nous ferons, & d'affifter religieufement à la même Meffe pour demander à Dieu, qu'il lui plaife répandre fes bénédictions fur Nous, fur notre Maifon royale & fur notre État. Ils auront l'habit uniforme de leur grade, & porteront à l'extérieur les rubans larges ou cordons qui les diftinguent des Chevaliers.

X V I I.

ATTENDU l'état actuel des revenus de l'Ordre, confidéré
relativement à fes charges, les Officiers des Troupes de terre
& de mer qui, à compter du jour de la publication de notre
préfent Édit, parviendront aux dignités de Grand-croix & de
Commandeurs, ne jouiront plus, favoir, les Grand-croix, que
de quatre mille livres, & les foixante plus anciens Commandeurs
que de trois mille livres : Notre intention étant que les vingt
derniers Commandeurs ne jouiffent de ladite penfion de trois
mille livres, qu'à mefure de l'extinction de celles des foixante
anciens, fuivant l'ordre de leur réception, & fans nouvelles
Lettres ou Brevets.

X V I I I.

N'ENTENDONS priver les Grand - croix & Commandeurs
actuels, de la jouiffance des penfions qui leur ont été accordées
fur ledit Ordre : Voulons au contraire qu'ils en jouiffent pendant
leur vie, à la réferve feulement que les Commandeurs qui
feront promus par la fuite à la dignité de Grand-croix, ne
jouiront que de la penfion attribuée à cette dernière dignité,
par l'article précédent.

X I X.

NOUS avons fixé à cinquante-fix mille deux cents cinquante
livres par an, la portion affectée au département de la Marine
dans les quatre cents cinquante mille livres de dotation dudit
Ordre ; laquelle fomme de cinquante-fix mille deux cents cinquante livres fera accordée aux dignités & Chevaliers dudit
Ordre de nos Troupes de mer, conformément à l'article VIII
de l'Édit du mois d'avril 1693.

X X.

TOUS les autres revenus appartenans audit Ordre, & qui
proviennent des fonds qui fe font trouvés en économie dans les
caiffes des Invalides & du quatrième Denier, feront diftribués

en penſions que nous accorderons, ſur le rapport du Secrétaire d'État de la guerre, aux dignités & Chevaliers dudit Ordre du ſervice de terre.

X X I.

A compter du jour de la publication du préſent Édit, & à l'avenir, toutes les penſions accordées aux dignités & Chevaliers dudit Ordre, les dépenſes des Croix, les frais de comptabilité & autres dépenſes quelconques à la charge d'icelui, ne pourront être pris & payés ſur d'autres fonds que ſur les revenus actuels & futurs appartenans audit Ordre.

X X I I.

COMME les penſions accordées aux Chevaliers dudit Ordre juſqu'à ce jour, les dépenſes des Croix & autres frais de comptabilité, excèdent les revenus dudit Ordre, notre intention eſt qu'il ne ſoit plus accordé de penſions aux Chevaliers que lorſque, par l'extinction de celles actuellement exiſtantes, il ſe trouvera des fonds libres dans les revenus pour acquitter leſdites penſions.

X X I I I.

VOULONS que les penſions qui ſeront accordées à l'avenir aux Chevaliers dudit Ordre, le ſoient de préférence à ceux dont l'état de leur fortune l'exigera le plus particulièrement, & qu'elles ne puiſſent jamais excéder la ſomme de huit cents livres, ni être au-deſſous de celle de deux cents livres; leſquelles penſions n'auront lieu néanmoins, qu'après que les Chevaliers dudit Ordre qui ont à préſent des expectatives, auront pu être employés dans l'état des penſions d'icelui, ſur le pied fixé par le préſent article, & qu'il ſe trouvera des revenus libres pour les payer.

X X I V.

NOUS avons éteint & ſupprimé, éteignons & ſupprimons tous les Offices créés pour ledit Ordre par l'article VI de l'Édit du mois d'avril 1719. Et attendu que les finances deſdits Offices font entrées dans nos revenus cafuels, Nous voulons que tous lefdits Officiers, ou les Propriétaires des finances defdits Offices, foient remboursés du montant d'icelles, chacun à leur égard, par le Garde de notre Tréfor royal en exercice, en quittances de finance portant intérêt à Cinq pour cent, dont lefdits Officiers & Propriétaires jouiront, à compter du 1.ᵉʳ Janvier de la préfente année, jufqu'à ce que les circonftances nous permettent d'effectuer le rembourfement en efpèces, defdites quittances de finance, & ce d'après la liquidation.

X X V.

LES Officiers fupprimés par l'article précédent, ne pourront être remboursés en quittances de finance, qu'en rapportant au Garde de notre Tréfor royal, chacun pour ce qui le concerne, un certificat du Secrétaire d'État de la guerre, comme ils auront remis les titres de propriété, regiftres, pièces & renfeignemens concernant les biens & revenus dudit Ordre qu'ils peuvent avoir en leur poffeffion; & à l'égard des Tréfoliers, comme leurs comptes auront été arrêtés & fignés, & qu'ils fe trouvent quittes envers ledit Ordre.

X X V I.

AU moyen de la fuppreffion defdits Offices, nous avons déchargé & déchargeons ledit Ordre du payement des gages & émolumens attribués à tous lefdits Offices; & ce, à compter du 1.ᵉʳ Janvier de la préfente année.

X X V I I.

VOULONS que les grands & petits Officiers dudit Ordre, préfentement fupprimés, continuent de jouir, leur vie durant, des honneurs, prérogatives & priviléges qui avoient été attribués à leurs Offices, par l'Édit du mois d'avril 1719.

X X V I I I.

CONFORMÉMENT à l'article XIII de l'Édit du mois d'avril 1693, notre très-cher & féal le Chancelier & Garde des Sceaux

de France, fera les fonctions de Garde des Sceaux dudit Ordre ;
à l'effet de quoi les Sceaux dudit Ordre lui feront remis par le
Chancelier d'icelui, fupprimé. Et à l'égard des Officiers minif-
tériels que nous jugerons convenable de nommer pour l'adminiftration des biens & revenus de l'Ordre, nous y pourvoirons
par de fimples Commiffions, fur la préfentation qui nous en
fera faite par le Secrétaire d'État ayant le département de la
guerre ; mais lefdits Officiers ne pourront porter aucune marque
extérieure dudit Ordre, fous peine de privation de **leur** Com-
miffion.

<h3 style="text-align:center">X X I X.</h3>

VOULONS que les comptes des Tréforiers dudit Ordre, qui
font à rendre, & ceux qui le feront par la fuite, foient arrêtés
annuellement par le Secrétaire d'État ayant le département de
la guerre, dans une affemblée qui fera par lui convoquée dans
la falle du Confeil de l'Hôtel royal des Invalides, en préfence
de deux Grand-croix, de deux Commandeurs & de deux
Chevaliers dudit Ordre du fervice de terre, dans la forme &
de la même manière qu'il fe pratique pour les comptes de
l'Hôtel des Invalides ; à laquelle affemblée le Secrétaire d'État
ayant le département de la marine affiftera, & y fera inviter un
Officier Grand-croix & un Officier Commandeur du fervice
de mer.

<h3 style="text-align:center">X X X.</h3>

CONFIRMONS toutes les difpofitions portées par les Édits,
Déclarations, Lettres patentes, Arrêts, Ordonnances & Règle-
mens rendus fur l'adminiftration dudit Ordre de Saint-Louis &
relativement à icelui ; Voulons que le tout foit exécuté en ce
qui n'y a pas été dérogé par le préfent Édit. SI DONNONS EN
MANDEMENT à notre très-cher & féal Chevalier Garde des
Sceaux de France, le fieur Hue de Miroménil, que le préfent
Édit il ait à faire lire & publier, le Sceau tenant, & icelui

1 1

enregiftrer ès regiftres de l'audience de France, pour être exécuté fuivant fa forme & teneur, nonobftant toutes chofes à ce contraires: CAR TEL EST NOTRE PLAISIR ; & afin que ce foit chofe ferme & ftable à toujours, nous avons fait mettre notre fcel au préfent Édit. DONNÉ à Verfailles au mois de janvier, l'an de grâce mil fept cent foixante-dix-neuf, & de notre règne le cinquième. *Signé* LOUIS. *Et plus bas,* Par le Roi. *Signé* LE PRINCE DE MONTBAREY. *Vifa* HUE DE MIROMÉNIL. Vu au Confeil, PHELYPEAUX. Et fcellé du grand fceau de cire verte fur doubles lacs de foie rouge & verte.

Lû & publié, le Sceau tenant, de l'Ordonnance de Monfeigneur le Garde des Sceaux de France, par nous Confeiller du Roi en fes Confeils, Grand-Audiencier de France. A Paris, le onzième jour de Février mil fept cent foixante-dix-neuf. Signé BIOCHE.

Enregiftré ès regiftres de l'Audience de France, nous Confeillers du Roi en fes Confeils, Grand-Audiencier de France, & Contrôleur général de la grande Chancellerie, préfens. A Paris, le onzième jour de Février mil fept cent foixante-dix-neuf. Signé BIOCHE, DARNAUT.

POUR LE ROI. { Collationné à l'original par nous Écuyer, Confeiller-Secrétaire du Roi, Maifon, Couronne de France & de fes Finances.

A PARIS, DE L'IMPRIMERIE ROYALE. 1779.

www.ingramcontent.com/pod-product-compliance
Lightning Source LLC
LaVergne TN
LVHW010813180726
843502LV00011B/4481